Die Neue Zeit, ein höheres Bewusstsein?

# Lass dich führen!

Tue nichts Böses, dann widerfährt dir nichts Böses

Die Neue Zeit,
ein höheres Bewusstsein?

# Lass dich führen!

*Tue nichts Böses,
dann widerfährt dir nichts Böses*

*Gabriele*

Verlag DAS WORT GmbH

1. Auflage Mai 2010



Max-Braun-Str. 2, 97828 Marktheidenfeld
Tel. 09391/504-135, Fax 09391/504-133

Internet: http://www.das-wort.com



Druck: Santec Druckerei GmbH, Marktheidenfeld

ISBN 978-3-89201-314-3

*Inhalt*

## *Vorwort*

Was bedeutet es für ein Kind, an der Hand der Mutter oder des Vaters zu gehen – und darauf vertrauen zu können, dass es gut geführt wird? Was bedeutet es, schon in frühem Alter gute Weichenstellungen für ein ganzes Leben vermittelt zu bekommen?
Was gaben Eltern früher an ihre Kinder weiter? Und wie ist es im Vergleich dazu heute?

Gabriele schildert in schlichten, zu Herzen gehenden Worten Erlebnisse aus ihrer Kindheit, wie sie an der Hand ihrer Mutter grundlegende Schritte ins Leben erlernte, wie die Mutter ihr nicht nur praktische Lebenshilfen, sondern auch ethisch-moralische Werte vermittelte. Die Schilderung der liebevollen und umsichtigen Führung durch die Mutter lässt auch im Leser Erinnerungen wach werden und lässt ihn erahnen, dass es hier um weit mehr geht, als nur um die Erziehung der Kinder. Es geht um die Frage: Lasse ich, der Erwachsene, mich von Gott durch mein Leben führen? Welche ethisch-moralischen Werte möchte ich zur Grundlage meines Lebens machen, um mich selbst in richtiger Weise weiter zu „erziehen“?

Das vorliegende Buch gibt den Inhalt einer zweiteiligen Radio- und Fernsehsendung wieder. In diesen Gesprächsrunden zeigt Gabriele, die Prophetin und Botschafterin Gottes für unsere Zeit, die Folgen auf, die aus der Missachtung der Lehre Jesu, insbesondere Seiner Bergpredigt, erwachsen sind. Daraus ergibt sich auch die Eigenverantwortung, uns Werte anzueignen, die in unserer derzeitigen Gesellschaft fehlen: Anstand, Benehmen, Ethik und Moral – so wir dies möchten, denn jeder ist frei.
Gabriele ermutigt uns mit den Worten: „Seien Sie klug! Schwimmen Sie nicht mit dem Strom der derzeitigen Gesellschaft. Erkennen und lernen Sie – wir alle –, was uns Jesus von Nazareth vorlebte und lehrte. Es ist gewiss: Wer Seine Worte annimmt und tut, dem geht es von Tag zu Tag besser ...“

## *An der Hand meiner fürsorglichen Mutter*

Wie war es früher, und wie ist es heute? Andere Zeiten, andere Generationen!

Als ich noch klein war und noch nicht zur Schule ging, sagte meine Mutter: „Lass dich führen!“ und nahm mich an der Hand, wenn ich mit ihr einkaufen gehen durfte, denn wir gingen auf der Hauptstraße. Der Straßenverkehr gebot es, auf dem Gehsteig zu gehen. Ich, das Kind, wollte zum einen in eine Wasserpfütze treten, zum anderen wollte ich auf die Straße springen oder wollte dann, als ich etwas älter wurde, nicht mehr an der Hand der Mutter gehen. Doch die Mutter nahm ihr Kind immer wieder an die Hand und sagte: „Sieh die Gefahren! Wenn du in die Wasserpfütze trittst – das ist ja schön im Sommer, aber im Winter werden die Füße nass, und du kannst dich erkälten.“ Wollte ich auf die Straße springen, um etwas, das ich auf der Straße liegen sah, zu holen, sagte sie: „Sieh die Gefahr: Wenn ein Fahrzeug kommt – du kannst vor das Fahrzeug springen oder gar in ein Fahrzeug laufen. Wenn der Fahrer nicht rechtzeitig bremsen kann – was dann?"

Oder ich sah auf der anderen Straßenseite eine Spielkameradin und wollte hinüberlaufen, um sie zu fragen, ob sie am Nachmittag mit mir spielen möchte. Meine Mutter jedoch hielt mich zurück und sagte: „Komm, wir gehen gemeinsam über die Straße." Am Rand des Gehsteigs klärte sie mich auf: „Wir schauen nach links und dann nach rechts und wieder nach links. Wenn kein Fahrzeug kommt, gehen wir über die Straße." Meine Mutter hielt mich fest an der Hand. Auf der anderen Straßenseite wartete die andere Mutter mit ihrem Kind, meiner Freundin. Als meine Mutter und ich auf dem gegenüberliegenden Gehsteig waren, besprach ich mich mit meiner Freundin. Wir verabredeten, am Nachmittag zusammen zu spielen. Wir sagten es unseren Müttern, und sie nickten. Wir freuten uns beide auf den Spiel-Nachmittag.

Nachdem die Mütter sich ausgetauscht hatten, verabschiedeten sie sich. Meine Mutter und ich setzten unseren Weg fort. Bevor wir die Straße überquerten, machte mich am Rand des Gehsteigs meine Mutter erneut auf den Straßenverkehr aufmerksam. Sie sagte: „Schauen wir nach links! Nun schauen wir nach rechts und dann wieder nach links. Erst wenn kein Fahrzeug kommt, wenn keine Gefahr droht, gehen wir zügig über die Straße. Auf der Straße bleiben wir nicht stehen, denn es könnte unverhofft ein Fahrzeug angebraust kommen."

Als meine Freundin am Nachmittag zu mir nach Hause kam, gingen wir in den Garten. Meine Mutter mahnte: „Bleibt im Garten. Geht nicht auf die Straße!" Vorsorgehalber schloss sie das Gartentürchen ab, damit wir nicht, im freudigen Spiel die Gefahr nicht beachtend, auf die Straße liefen.

Auch wenn wir Bekannte oder Verwandte besuchten, ließ es Mutter an den besagten Warnungen bezüglich des Verhaltens im Straßenverkehr nicht fehlen. Hatten wir dann unser Ziel erreicht,

waren im Haus angelangt, dem unser Besuch galt, rannte ich die Treppe hinauf, stolperte und fiel hin. Meine Mutter sagte: „Siehst du: Man muss lernen. Wenn du die Treppenstufen mit Bedacht gehst, dann kannst du sicheren Fußes von einer Stufe zur anderen hüpfen. Ähnlich ist es, wenn du die Straße überqueren möchtest. Du musst erst den Verkehr beobachten und die Verkehrslage erkunden lernen."
Gingen wir in einen großen Park zu dem dortigen Sandkasten, konnte ich wieder der gewissenhaften Obhut meiner Mutter sicher sein. Auch als ich im Sandkasten auf einige Spielkameraden traf, blieb meine Beschützerin wachsam; sie behielt mich im Auge.

Ich liebte meine Mutter, denn sie ließ mir letztlich viel Freiraum. Doch in vielen Situationen klärte sie mich über die Gefahren auf und war um meine Sicherheit besorgt. Als ich älter wurde, wollte ich nicht mehr an der Hand meiner Mutter gehen, denn ich kam zur Schule und meinte, dass ich nun erwachsen wäre und schon groß genug, um selbständig zu sein. Die ersten Tage ging meine Mutter dennoch bis zum Schulhof mit. Von dort lief ich dann als Schüler über den Schulhof in das Schulgebäude. Am Ende des Unterrichts holte meine Mutter mich zunächst ab.

Nachdem ich Kontakt zu Schulkameraden und -kameradinnen gewonnen hatte, gingen wir gemeinsam heim, jeder zu seinem Elternhaus. Als Schüler der ersten Klasse fühlte man sich schon groß und auf dem Weg, ein Erwachsener zu werden. Die Schulkameraden und -kameradinnen würden sicherlich gelacht haben, wenn ich an der Hand meiner Mutter gegangen wäre.

In den ersten Monaten des Schulbesuchs sah ich meine Mutter des öfteren in einer gewissen Entfernung stehen; später entdeckte ich sie dann auf dem gegenüberliegenden Gehweg. Sie beobachtete mich, denn sie wollte mich vor kindlichen Ausreißaktionen bewahren. Sie war mein Schutzengel, denn sobald Gefahr drohte, kam sie auf mich zu.

Ich wurde älter, und sie ließ mir immer mehr Freiheit. Man überschätzt sich ja so leicht! Das

Schulmädchen dachte: „Jetzt, nach einem Jahr Schule, ist man doch schon fast erwachsen." Ich wollte die Fürsorge der Mutter abstreifen, denn ich wuchs und glaubte, ich werde oder ich sei schon erwachsen.
Meine fürsorgliche Mutter ließ mir mehr und mehr Freiheit. Trotz alledem beklagte ich mich bei meinem Vater, dass mich die Mutter immer noch als Kind sehen würde. Der Vater sprach jedoch nicht nur ähnlich wie die Mutter – er legte sogar noch einiges drauf und wies mich darauf hin, dass ich mich gegenüber den Lehrern und Lehrerinnen, den Pädagogen, anständig benehmen solle. Ja, er ging sogar noch weiter in der Ermahnung, denn er sagte: „Das gilt auch gegenüber deinen Freunden und Freundinnen!" Er verlangte, dass ich mich auch auf der Straße ordentlich verhalte.
Ganz verhohlen dachte ich: „Jetzt komme ich vom Regen in die Traufe", denn es kamen noch mehr Belehrungen, wie z.B.: „Benimm dich, auch wenn du mit uns zu Besuch bist. Benimm dich in der Schule. Sei anständig!" Nachdem Mutter

mir nun eine lange, lange Leine ließ, erschien sie mir doch um vieles großzügiger als mein Vater, der mich gleich warnte, anständig zu sein und mich zu „benehmen".

### *Ausgehend von einfachen Tagesereignissen lehrte mich Mutter das Gesetz von Saat und Ernte*

Ich wuchs heran und hielt meine Eltern für altmodisch. Es kam die Zeit, als ich dachte, ich müsse nun mein Leben so gestalten, wie ich es will. Mein Vater sprach weiter von Anstand und Benehmen, und nun fing auch noch meine Mutter an, die mir folgenden Ratschlag gab, den ich als Schülerin zuerst nicht so recht verstand. Er hieß: „Tue nichts Böses, dann widerfährt dir nichts Böses."

Als sie mir, dem Schulkind, das sich schon erwachsen fühlte, diesen Hinweis gab, erklärte sie mir dazu Folgendes: „Möchtest du, dass andere dich schlagen, dass andere dich prügeln, dass andere dich stoßen, dass andere dir deine Brotzeit wegnehmen, dich nicht beachten und vom Spiel ausschließen, dich als Außenseiter betrachten und sich dir gegenüber auch entsprechend verhalten?"

Ich machte große Augen und sah meine Mutter mit der Bemerkung an: „Was sagst du mir da? Das tue ich doch nicht!"

Meine Mutter erklärte mir: „Als ich dich die ersten Wochen auf deinem Schulweg begleitete, habe ich so manches gesehen, was du an dir selbst nicht bemerkt hast. Z.B. willst du nur mit bestimmten Kameradinnen spielen, andere sind dir gleichgültig. Willst du das auch so?"

Ich schüttelte den Kopf und meinte: „Nein, nein! So will ich das nicht!" „Siehst du", sagte sie, „die anderen, die du nicht beachtest, wollen es auch nicht."

Ich verteidigte mich und führte Begebenheiten an, in denen ich mich von Kameraden verunglimpft gefühlt hatte. Doch Mutter ließ das nicht gelten: „So beginnt nun mal das Erdenleben. Aber wenn du nicht willst, dass andere sich dir gegenüber ungut verhalten, dann tue *du* es eben erst recht nicht. Denn Böses, das in den anderen Einlass findet, kann wiederum Böses hervorrufen und dieses unter Umständen verstärken."

Das konnte ich nicht verstehen. Meine Mutter erklärte es mir mit einfachen Worten: „Mein Mädchen" – so sagte sie, denn „Kind" wollte ich nicht mehr hören –, „mein Mädchen, pass auf, wenn du Böses tust! Wenn du deine Kameraden schlägst, wenn du ihnen das Pausenbrot wegnimmst, wenn du sie vom Spiel ausgrenzt, also wegstößt, wenn du lachst, weil sie hingefallen sind, und was es noch so alles auf eurem Schulweg, in der Schule und während der Pause gibt, wisse, und merke dir: Was du anderen tust, werden andere dir auch tun."

Als ich meinte, das wäre ja Rache, entgegnete Mutter: „So kann man das sehen. Denn der, dem es widerfährt, will das, was z.B. ihm angetan wurde, heimzahlen, was zurückgeben bedeutet. Oder er stiftet andere an, das zu tun, was ihm widerfahren ist. Auf diese Weise wird Stimmung gegenüber Mitschülern gemacht."

Ich fragte meine Mutter, wie ich denn auf Bedrängnisse seitens der Schulgefährten reagieren sollte. Meine Mutter erklärte: „Weiche einfach aus und frage: Was habe ich dir denn getan? – Und wenn dich einer schlägt, schlage nicht zurück. Weiche aus, und beschäme ihn unter Umständen, indem du ihm einen Teil deines Pausenbrotes gibst." In jenen Tagen verstand ich nicht, was Mutter damit meinte. Erst viel später – am Ende der Pubertät – sah ich ein, was sie mir damit hatte sagen wollen; erst als ich einige „Rückschläge" hatte einstecken müssen.

Ohne dass Mutter es wusste, lehrte sie mich das Gesetz von Saat und Ernte. „Tue nichts Böses, dann widerfährt dir nichts Böses." Damit vermittelte sie mir das, was Jesus von Nazareth in die Worte fasste „Was du willst, dass dir andere tun sollen, das tue du ihnen zuerst", anders gesprochen: „Was du nicht willst, dass man dir tu', das füg' auch keinem anderen zu."
Damals, vor vielen Jahren, als ich noch Kind war, wurde noch mehr auf die Eltern gehört. Heute

sind Worte wie „Tue nichts Böses, dann widerfährt dir nichts Böses" tabu. Die Menschen verändern sich und somit auch ihr Lebensstil – leider nicht zum Positiven, denn die Verderbtheit nahm und nimmt immer mehr zu.

Heute zieht sich so manches Schulkind von der Hand der Mutter zurück. Man wendet sich generell von seinen Mitmenschen ab und nicht zuletzt von der Sittenlehre, die Gott durch die Propheten des Alten Testamentes lehrte, und auch von der hohen Ethik und Moral, die uns Jesus, der Christus, nahebringen wollte. In den zurückliegenden 2000 Jahren kamen immer wieder erleuchtete Männer und Frauen, auch Propheten und Prophetinnen, gottgesandte Menschen, die die Lehre des Anstandes, des Benehmens, der Ethik, der Moral und des Stils stets von neuem lehrten.
Damals legte mir meine Mutter diese in den schlichten Worten ans Herz: „Tue nichts Böses, dann widerfährt dir nichts Böses."

## *Tiefstand ethisch-moralischer Werte in der heutigen Zeit. Wo sind die Vorbilder?*

Die Masse der Menschen hörte und hört bis heute nicht auf das, was uns Jesus von Nazareth in Seiner Bergpredigt nahebrachte. Die ethisch-moralischen Werte, die darin zum Ausdruck kommen, finden wenig Anklang. Die Menschheit sinkt immer tiefer in eine widerwärtige Unmoral und fristet ihr Dasein ohne jeglichen Anstand, ohne jegliches Benehmen und jegliche Moral.

Unsere derzeitige Gesellschaft ist geprägt von einer rauen und brutalen Zeit, einer Zeit der Ellbogen, einer Zeit, in der jeder gegen jeden ist, einer Zeit der Intoleranz, einer Zeit der Ansprüche und Macht, einer Zeit, in der Betrügereien, Lug und Trug die Tage bestimmen. Den scheinbaren Ausgleich für die Trostlosigkeit dieser Tage suchen unzählige Menschen im stundenlangen Aufenthalt vor dem Fernsehschirm, beim Surfen im Internet und bei Computerspielen.

In vielen Fällen ist die Welt der Kinder nicht mehr das traute Heim in der Familie, wo der junge

Mensch Wurzeln schlägt, um als Jugendlicher und Erwachsener aus der Quelle der Familie zu schöpfen. Dort waren dem Kind Anstand, Benehmen, Moral und Sitte nahegebracht worden; es war an der Hand der Mutter und des Vaters gegangen, die ihr Kind fürsorglich Schritt für Schritt dem Leben anvertraut hatten und es in die Jugendjahre und in das Erwachsenenalter begleiteten.

Heutzutage sind viele Kinder sich selbst überlassen, weil die Eltern in ihrer Generation als Kind schon ähnlich erzogen worden waren, wie sie jetzt ihre Kinder erziehen. Viele Kinder erlebten und erleben kaum die Geborgenheit bei den Eltern. Es gibt immer seltener das familiäre Glück, sich in der Familie sicher und geborgen zu fühlen. Selten finden noch die gemeinsamen Spiele statt, die früher Eltern und Kindern ein Zusammengehörigkeitsgefühl vermittelten.

Man spricht auch kaum oder gar nicht mehr über Anstand und Moral, die eine gewisse Lebensqualität gewährleisten. Damit könnten dem Heranwachsenden Werte mitgegeben werden, um als

Jugendlicher wirklich zu leben, um nicht dahinzuvegetieren, wie es heutzutage bei vielen jungen Menschen üblich ist. Manch einer hat von den Prinzipien Anstand, Benehmen, Ethik, Moral und Stil nie etwas gehört – und wenn, dann gelten diese Werte als „altmodisch“ und werden, wenn sie überhaupt Beachtung finden, den „Alten“ zugeordnet.
Wohl werden Kleinkinder auch heute an der Hand der Eltern geführt, doch wo bleibt in vielen Fällen die bewusste Führung, um den Kleinen Anstand, Benehmen und einen Gemeinschaftssinn nahezubringen? Denn die Werte der derzeitigen Gesellschaft sind auf dem Nullpunkt angelangt. Was können Kinder von einer solchen Gesellschaft lernen? In der jetzigen Gesellschaft ist oft von der Familie die Rede und von dem Anliegen, die Kinder in der Familie zu Anstand und Sitte zu erziehen. Doch wo sind die Vorbilder in Staat und Kirche?

In vielen Familien sind beide Eltern berufstätig. Demzufolge sind die Kinder alleine; oder die

Mutter ist alleinerziehend und bringt das Kind im Kindergarten unter. Die Zeit für das Kind ist begrenzt, denn die alleinstehende Mutter hat auch den Haushalt zu versorgen, wobei am Wochenende, das dem Kind besonders gewidmet werden könnte, doppelte Arbeit anfällt.
Früher gab es im Elternhaus gemeinsame Gespräche. Man hatte Zeit, die Kleinen anzuhören und den Größeren nahezubringen, dass erst höhere Werte das Leben bereichern und wertvoll machen. Heute finden wenig Gespräche statt, in welchen Kinder ihr Persönliches mitteilen können, ohne Angst zu haben, wegen falschen Verhaltens geschimpft zu werden.
Vielfach erlebt man auch das Desinteresse gegenüber dem Wohlergehen der Kinder, Jugendlichen und Erwachsenen. Das Dasein ist um vieles härter geworden, nicht nur für die Erwachsenen, sondern besonders für Kinder und Jugendliche.
Früher gab es mit den Eltern gemeinsame Spiele, oder man bestellte den Garten, das Gemüsebeet und den Obstgarten. Das Kind hatte seinen kleinen Bereich, um darin die Natur wachsen und

aufblühen zu lassen. Es gab nicht die Globalisierung wie heute, nicht in den Geschäften das Zugelieferte aus anderen Ländern. Man war mehr auf jene Nahrungsmittel angewiesen, die auf dem jeweiligen Erdteil wuchsen, auf das Gemüse und Obst, das der Gärtner und Obstbauer anbaute, um die einheimischen Früchte auf dem Markt und in den Läden zu verkaufen. Oder man hatte selbst einen Gemüsegarten mit Apfelbaum. Heute schöpft man aus der Fülle der Angebote, aus dem, was aus anderen Ländern geliefert wird.

Die Zeichen stehen generell auf Armut, denn diese verschwenderische Gesellschaft kann auf Dauer nicht existieren. Es ist heute schon so, dass sich immer mehr Familien einschränken müssen. Viele Menschen können sich die Fülle der heutigen Marktangebote nicht mehr leisten. Manch einer, der bisher mitverdiente und nun arbeitslos ist, muss zusehen, wie die Millionäre und Milliardäre der Gesellschaft ihren Lebensstil immer höher schrauben. Dies geschieht letztlich auf Kosten der Familien oder alleinstehenden Mütter,

die sich an der Armutsgrenze entlang bewegen, ganz zu schweigen von den unzähligen hungernden Menschen in der Dritten Welt.
Dass sich daraus Aggressionen entwickeln, die sich in vielfacher Weise in Familien und in Schulen entsprechend auswirken, ist nicht mehr zu übersehen. In der Dritten Welt, aber auch in den sogenannten Wohlstandsländern, zeichnet sich ein immer größerer Kollaps ab. Dieser kommt nicht nur im Welthunger zum Ausdruck, der sich nicht nur auf die Nahrung bezieht; sondern der Niedergang zeigt sich auch in dem niedersten Lebenswandel, den sich der Einzelne über Fernsehen, Internet, Computerspiele und vieles mehr angeeignet hat und aneignet.
Womit sollen sich denn auch die vielen Arbeitslosen und Mittellosen beschäftigen, also die Zeit vertreiben?
Der Werteverlust der heutigen Zeit, der derzeitigen Generation hat zur Folge: Von der Wiege bis zur Bahre Einsamkeit, und doch immer die Suche nach Geborgenheit, Glück und Gemeinsamkeit. Die höheren Werte früherer Zeiten pochen immer

mal wieder an die Eitelkeit; man wünscht sich Selbstentfaltung. Doch die Ellbogenwirtschaft ist weit mehr verbreitet als Moral und Sitte.
Bei diesem Niedergang in Armut und übermäßigen Reichtum wird immer mal wieder die Sehnsucht nach Vorbildern wach, denen man ohne Misstrauen folgen kann. Deshalb heißt unser Thema: *Lass dich führen!*

Doch sofort erhebt sich die entscheidende Frage: Von wem kann man sich führen lassen? Wem kann man denn in der heutigen Zeit noch vertrauen?
Eine berechtigte Frage! Wer kann sie beantworten? Zur Frage nach Vorbildern möchte ich etwas ausholen.
Haben wir nicht alle irgendwann versucht, einem Menschen zu vertrauen? Wir haben uns ihm anvertraut, in der Hoffnung, einen gemeinsamen Lebensweg gehen zu können. Denn früher oder später kommt die Zeit, da der Mensch nicht mehr allein seinen Weg gehen möchte. In jedem von uns liegt das Streben nach Gemeinsamkeit. Ana-

lytisch betrachtet, bedeutet Gemeinsamkeit Einheit und Gleichheit; den anderen zu verstehen, gemeinsame Interessen zu haben. Der Wunsch nach Gemeinsamkeit ist ein Anliegen der meisten Menschen, denn er ist im Urgrund unserer Seele angelegt.

Vor Jahrzehnten waren Sitte und Moral Normen, die zumindest im Äußeren noch Gültigkeit hatten. Wurde eine Ehe geschlossen, dann trennten sich die Ehegatten nicht so ohne weiteres, außer es lagen schwerwiegende Dinge zugrunde. Was damals, auf die Ehekrise bezogen, im Stillen ablief, das vollzog sich meist hinter geschlossenen Türen.

Wie sieht es mit der heutigen Menschheit aus? Es ist ähnlich wie vor Jahrzehnten, doch man nimmt alles viel lockerer, denn Sitte und Moral wurden mehr oder weniger als „unmodern" unter den Teppich gekehrt. Wir dürfen nicht übersehen, dass jeder von uns ein sündiger Mensch ist, der mehr oder weniger mit seiner Vergangenheit belastet ist. Doch heute kann man die Sünde, also unsere Belastung, mit einer Sucht vergleichen, denn unser Wille sucht, uns immer wieder auf den Weg zu weiteren Süchten zu ziehen. Man kann sagen, dass in der Sucht immer die Hoffnung auflebt, das zu finden, was man sucht. Die Sünde sucht, und sie sucht den Gleichgesinnten, denselben Sünder – dieselben Belastungen, dieselben Süchte – beim anderen. Das nennt man dann „Wir verstehen uns!“ Sünde, Sucht und Suchen liegen nahe beisammen und können doch so grundverschiedene Wünsche beinhalten.

Wir Menschen sind nun mal Sünder. Jeder von uns kam in dieses Erdendasein mit seinen Anteilen an Positivem und Negativem. Selten, sehr selten passen die Eingaben, die wir in unsere Seele gemacht haben, zu denen eines anderen. Eventuell glauben wir im Laufe unseres Erdenlebens, den Menschen gefunden zu haben, von dem wir annehmen, dass er hundertprozentig zu uns passt. Bei der Eheschließung waren einige Seelenkomponenten in Übereinstimmung. Doch wenn diese dann im Laufe unseres Werdegangs nicht mehr miteinander harmonieren, weil sich jeder

Mensch im Laufe seines Erdenlebens verändert – was dann? Daraus ergeben sich folgende Fragen:
Ist die Gemeinsamkeit in Ehe und Partnerschaft dann immer noch ein beständiges Glück? Können wir uns auf uns selbst verlassen und letzten Endes auch auf unseren Mitgefährten – hundertprozentig, ja, wenn wir wollen, tausendprozentig? Sind wir uns im weitesten Sinne einig in der Sichtweise der Dinge? Oder gibt es zuerst kleine, später dann größere, oftmals unüberbrückbare Abweichungen im Zusammenleben? Kann die Frau auf ihren Mann bauen? Kann sie sich bei ihm – der sich als der Stärkere, gar als Held gibt –, an seiner Seite, geborgen fühlen?
In jungen Jahren hält man Händchen. Wie ist es, wenn der Sturm der Jugend vorbei ist? Weiß die Frau sich dann immer noch an der Hand genommen und gemäß den Wünschen, die einst beide hatten, wie Glück, Geborgenheit und Gemeinsamkeit, geführt? Oder hat das traute Ja-Wort vor dem Altar und dem Priester schon Risse bekommen? Manch einer denkt, er hört immer noch

die Orgelklänge: „... So nimm denn meine Hände, und führe mich, bis an mein selig Ende". Plötzlich vernimmt er in sich nur noch die Melodie. Doch weiter heißt es im Text: „und ewiglich." Diese Worte werden meist überhört. Denn, so denkt nun manch einer, es reicht, wenn es sein muss, „bis an das Lebensende". Hält die Verzauberung durch die Orgelklänge an, bis der Tod sie scheidet?

Wie schon gesagt, hielten es früher die Ehepartner so recht und schlecht aus, bis der Tod sie scheidet, obwohl auch damals die Frau bald merkte, dass der Mann seinen Weg hatte und sie den ihren – und umgekehrt. Auch damals prallten bald die Meinungen aufeinander, und bald dämmerte die Erkenntnis, dass jeder grundverschieden denkt. Jeder war auch damals der Ansicht, seine Meinung wäre richtig und maßgebend. So war es vor Jahrzehnten, so ist es mehr oder weniger auch heute. Doch heute heißt es kurz und bündig: „Meine Hand, gleich meine Meinung, reich' ich dir – ich führe dich so, wie ich es für richtig halte." Wohin will er oder sie den anderen führen? Meist in ein Kartenhaus, das aus der Meinungs-, gleich Vorstellungswelt sowohl des einen als auch des anderen besteht. Der blinde Hoffnungsträger lässt sich vom sogenannten Wissenden, wohin es gehen soll, blind führen, bis das Kartenhaus über beiden zusammenbricht.

Dann ist der Streit unausweichlich. Je nachdem, welche Auswirkungen die sogenannte „Führung" hat, geht man gegenseitig auf Distanz, oder, wie es heutzutage üblich ist, man lässt sich scheiden, je nachdem, was der Streit so alles ans Tageslicht fördert. Man reicht sich nicht mehr die Hände, wie es im Lied heißt „und führe mich". Wenn nach einer Trennung jeder seinen Weg geht, oder wenn man sich scheiden lässt, dann reicht man sich die Hände, um sich zu verabschieden. Jeder geht nun wieder seinen Weg.

Vor Jahrzehnten vollzog sich die eheliche Trennung nicht so rasch und ohne Skrupel wie heute. Oftmals waren die Kinder die Bremse oder die Nachbarn, deren Gerede man sich nicht aussetzen wollte, obwohl diese sicher keinen Grund gehabt hätten, mit dem Finger auf andere zu zei-

gen. Denn wer mit dem Finger auf andere zeigt, müsste sich die Frage gefallen lassen, ob bei ihm alles Honig sei oder ob er vielmehr schon längst aufgezehrt ist. Früher ließ man es sich nicht anmerken, wenn in der Ehe einiges nicht stimmte; man lebte weiter so recht und schlecht nebeneinander her. Heute ist es oft unnötig, Konzessionen zu machen.
Hand aufs Herz: Ist nicht das Lied „So nimm denn meine Hände, und führe mich" schon längst verklungen, so auch die Orgeltöne, die bisher noch aus dem Unterbewusstsein leise zu hören waren? Inzwischen hat man das Unterbewusstsein mit anderem gefüllt und sagt sich: „Ganz so schlimm ist es nicht; irgendwann wird es schon wieder besser werden!" Nach der ehelichen Trennung gibt man sich meist nicht mehr lange mit dem Alleinsein zufrieden, denn da und dort winkt schon ein neues Angebot. Es kann der neue Partner sein, den man im Arbeitsbereich gefunden hat, oder die neue Partnerin, die bei einem gesellschaftlichen Ereignis die Sinne des Neuorientierten aufleuchten ließ.

Heutzutage nimmt man alles risikofreudiger. Sind aus einer Ehe Kinder hervorgegangen, dann schließt man die üblichen Kompromisse. Entweder bleiben sie bei der Mutter oder beim Vater, oder die Großeltern werden beauftragt. Es wird meist so gehalten, dass der eine oder andere Elternteil die Kinder immer mal wieder besuchen kann. Die Großzügigkeit beider Elternteile findet Ausdruck in dem beiderseitigen Versprechen, die Sorge für die Kinder zu tragen. Das bedeutet jedoch für die zurückbleibenden Kinder, dass für sie nun nur noch eine bemessene Zeit übrig bleibt, weil beide Elternteile alleinstehend sind und eventuell für den Unterhalt der Kinder arbeiten müssen. Als Ersatz für ein Familienleben ist für die Kleinen nun der Besuch eines Kindergartens gefragt. Geht das Kind schon zur Schule, so überbrückt man das Alleinsein, bis die Mutter oder der Vater von der Arbeit kommt, mit dem „Elternersatz", der Fernseher heißt.
Hat das Kind eine gewisse Reife erlangt, begnügt es sich nicht mehr mit dem Fernseher allein, dann stehen als Ergänzung das Internet, die Computer-

spiele usw. zur Verfügung. Bei dieser Tortur, der viele Kinder ausgesetzt sind, gibt es auch keine Kinderfreundschaften mehr wie vor Jahrzehnten, als die Kameradschaft noch einen Wert darstellte. Werden heutzutage von den Kindern Freundschaften eingegangen, so dreht sich das Gespräch vorwiegend um das, was Fernsehen, Internet und Computer hergeben. Einige Zeit später verlocken diese Gespenster, die Bildfolgen aus Fernsehen, Internet, Computer usw., zu einer imaginären Realität, die der Jugendliche dann ausprobieren möchte. Diese Einflüsse können zu unbesonnenen, gewalttätigen Aktionen junger Menschen verleiten, die einen kriminellen Verlauf nehmen können, wie man es vielfach in Schulen, auf Straßen, in U-Bahnen und dergleichen erlebt.

Diese heutigen gesellschaftlichen Missstände kann man jedoch nicht allein den Eltern und eventuell sogar den jungen Menschen zuschreiben. Die Verantwortung für eine solche Entwicklung liegt vielmehr als erstes bei den Kirchen, dann bei der Regierung, die sich in unserer Gesellschaft „christlich" nennt und von „Werten" spricht – und letzten Endes auch bei jedem Einzelnen von uns, denn jeder hat einen Verstand mitbekommen. Blicken wir also nicht ausschließlich auf „die anderen", um einen Schuldigen zu suchen. Wenn schon Kirchen, Regierung und Eltern keine Ansprechpartner waren, die dem Kind Halt gaben, um gute Lebenswurzeln zu entwickeln, wie sollte der nun Erwachsene in der Kindheit und Jugend ethisch-moralische Werte entwickelt haben?

Hand aufs Herz: Irgendwann kommt in jedem Menschen der Sinn für die Werte hoch, und er versucht zu ergründen: Was ist mir mein Leben wert? Der Fragende könnte sich nun den entscheidenden Ruck geben, der lautet: Wenn ich schon keine Familie hatte, in der ich in Frieden und Gemeinsamkeit aufwachsen konnte, wenn ich auch von Kirche und Regierung enttäuscht bin, wenn man mir etwas vormachte, das ich nicht akzeptieren konnte, weil es meinem Lebensweg keinen Inhalt gab – dann werde ich mich eben selbst erziehen, um ein Mensch mit Anstand,

Benehmen, mit Ethik, Moral und Stil zu werden. – Doch wo findet man die entsprechende Literatur? Und wo ist das Vorbild, an dem man sich orientieren kann?
Die Antwort kann nur lauten: Wir sollten uns keinen Menschen zum Vorbild nehmen. Einzig *Einer* kann unser Vorbild sein, der uns die höchste Ethik und Moral lehrte und vorlebte: Jesus von Nazareth.
Es könnte der Einwand kommen: Jesus, der Mensch, ist aber nicht mehr unter uns! – Ja, Jesus ist zwar nicht mehr unter uns, aber wir haben Seine Hoheitslehre, die Bergpredigt, die uns Menschen zu Anstand, Benehmen, Ethik, Moral und Stil anweist. Jesus hat diese Prinzipien gelebt, die für uns Menschen in der Bergpredigt ihren Ausdruck finden. Also könnte die Lehre Jesu und letzten Endes Er selbst unser Vorbild sein, um danach zu leben.
Nehmen wir Seine Hoheitslehre ernst, leben wir Schritt für Schritt entsprechend, dann werden wir uns in Bälde einer Wandlung bewusst, die wir jetzt noch nicht erfassen können. Und warum

nicht? Weil die Wandlung aus dem Urgrund unserer Seele kommt. Wir merken im Äußeren, dass das fundamentale Laster, das „ich-ich-ich – alles-nur-für-mich!“, immer weniger zur Wirkung kommt. Wir werden toleranter und verständnisvoller. Die hohen Lehren unseres Vorbildes, Jesus, des Christus, greifen immer mehr; der Alltag wird unbeschwerter und leichter zu bewältigen.

Wer das Wort „Jesus“ oder „Bergpredigt“ hört, könnte folgenden Einwand bringen: „Von Kirche und Jesus habe ich genug!“ – Bitte, seien Sie nicht voreilig mit den Hinweisen auf Kirche und Jesus! Prüfen Sie mit Herz und Verstand, welche Bedeutung die Institutionen Kirche dem Denken und Leben Jesu wirklich einräumen. Die Kirchen projizieren die Lehre des Jesus in eine andere Welt und halten ihre eigenen Lehrsätze wie Dogmen und Riten hoch, die mit den Lehren des großen Weisheitslehrers nichts, aber auch gar nichts zu tun haben. Alle diese kirchlichen Praktiken sind heidnischen Ursprungs und haben nichts mit der Lehre Jesus gemeinsam. Wollen Sie auch zu denen gehören, die, ohne zu prüfen und es zu erproben, alles sofort von sich weisen, gar ablehnen und ins Lächerliche ziehen?

Man kann es denen, die es ungeprüft verwerfen, nicht übelnehmen. Wo man heutzutage hinschaut und hinhört, sieht man den Niedergang jeglicher Kultur; Anstand und Benehmen werden mit Korruption abgedeckt. Jeder versucht, den anderen zu hintergehen; jeder will vom Kuchen, dem verlockenden Szenario, das größte Stück haben. Um das zu erreichen, ist oftmals jedes Mittel recht, wenn es nur scharf, hinterhältig und korrupt genug ist. Wo soll das hinführen? Letzten Endes in ein totales Chaos. Davor wird sich auch kein Reicher dieser Welt retten können, denn dafür sorgt mit der Zeit der totale Kollaps des Erdplaneten ... und dann? Manch einer, der sich ein klares Denken bewahrt hat, fragt sich: Wie oder wo geht es weiter?

Wie sagte einst die Mutter zu ihrem Kind?: „Tue nichts Böses, dann widerfährt dir auch nichts

Böses." Damit gab die Mutter ihrem Kind die Erkenntnis von Saat und Ernte mit auf seinen Lebensweg. In unserer Welt denken viel zu wenige Menschen darüber nach, was das Gesetz „Saat und Ernte" bedeutet. Trotz alledem gilt dieses Gesetz, das auch Aktion gleich Reaktion genannt werden kann; Ursache und Wirkung. Man nennt es auch das Kausalgesetz.

Mit den Worten „Tue nichts Böses, dann widerfährt dir auch nichts Böses" meinte die Mutter: Säe Gutes, dann wirst du auch Gutes ernten, wie z.B. Gesundheit, Frieden, Selbstsicherheit, alle diese Lebensqualitäten, die mit den Werten der Bergpredigt gefüllt sind: Anstand, Benehmen, Ethik, Moral und Stil. Sie können nur verworfen, also vorübergehend zugedeckt werden, jedoch auf Dauer nicht verborgen bleiben, weil sie kosmisches Gesetz sind.

Wo oder was sät der Mensch, und wo oder was erntet er? Des Menschen gute, weniger gute und schlechte, gleich böse Saat geht zuerst in seine Seele ein und dann in seinen Körper. Sendet er seine schlechte Saat, z.B. feindselige Gedanken, aus, und tut er Böses gegenüber seinen Mitmenschen, dann haftet er auch an jenen Menschen und an dem, was von ihm selbst an Negativem ausging. Die Ernte entspricht immer der Saat.

*Wann* die Saat bei dem Einzelnen keimt und sprießt, bestimmen Planetenkonstellationen, die alles speichern, was wir fühlen, empfinden, denken, sprechen und tun. Sie leiten das ein, was wir wann und wo zu tragen haben. Diese Planeten speichern nicht, was wir unter Umständen unseren Mitmenschen im Äußeren vorspielen oder gar uns selbst vormachen; sie speichern nur das, was wir in unser Verhalten hineingelegt haben, was wir also hinter oder in unseren Verhaltensweisen verbergen. Das sind unsere Eingaben in das Kausalgesetz. Nach einem unumstößlichen gesetzmäßigen kosmischen Ablauf kommen unsere Eingaben zum Tragen. Das heißt: Die Saat geht auf. Zuerst macht sie sich in unserem Körper bemerkbar, z.B. erkranken wir, oder wir werden aggressiv und tätlich. Unsere Ernte entspricht immer unserer Saat.

Weil jeder Mensch mit den Kosmen verbunden ist, ist auch jeder ein Mikrokosmos im Makrokosmos. Was wir also anderen oder auch dem Erdplaneten mit seinen Tieren, Pflanzen und Mineralien antun, das tun wir uns selbst an, das kommt detailliert – je nach unseren Eingaben in den Makrokosmos und in unsere Seele – auf uns zu.

Wir wollen es oft noch immer nicht wahrhaben, doch: Diese derzeitige werte-arme Gesellschaft, die kaum mehr Achtung vor dem Leben zeigt, die letztlich gegen sich selbst ist und gegen den Planeten Erde handelt und die alles, was auf der Erde, in und über der Erde lebt, als Ware behandelt, kann auf Dauer nicht bestehen. Viele Menschen erkennen inzwischen mehr und mehr, was auch die Wissenschaft berichtet: Dass die Erde mit allen ihren Lebensformen dem Menschen das zurückgibt, was er dem Erdplaneten mit seinen Tieren, Pflanzen und Mineralien angetan hat und antut. Die Ernte des Menschen nennt er im Hinblick auf die Zustände unseres Erdplaneten: „Klimawandel".

Wir, alle Menschen aller Generationen, haben das Klima der Erde verpestet. Den meisten Menschen ist die Achtung vor dem Leben verloren gegangen. Warum? Weil den meisten Menschen Anstand und Moral Fremdwörter sind. An die Stelle von Anstand und Moral traten die Raffgier, die Korruption, die Plünderung der Ressourcen. Auf die Ernährerin, die Mutter Erde, wird keine Rücksicht mehr genommen. Der Ruf dieser der Erde und der Natur entfremdeten Generation heißt: „Tue Böses, und glaube, dass das Böse andere trifft!" Doch das kosmische Gesetz ist nicht wandelbar; es bleibt bestehen, und es heißt: Aktion gleich Reaktion oder: Was der Mensch sät, wird er ernten.

*Das kosmische Gesetz ist unwandelbar.*
*Die gelebte Bergpredigt – ein mächtiger Schutz.*

Wenn die Saat den Einzelnen und die ganze Menschheit trifft, wo wird dann der Einzelne oder – nach dem Hinscheiden – seine Seele sein?

Mensch oder Seele werden in Zukunft ein armes, erbärmliches Dasein führen, entweder in der sterbenden Welt – denn der Erdplanet reinigt sich – oder als Seele dort, wo des Menschen Eingaben gespeichert sind. Denn so, wie der Baum fällt, so bleibt er liegen. Die Seele stirbt nicht, denn das Leben, das sie trägt, ist kosmisch und kann nicht ausgelöscht werden.

Auf alle Fälle geht es für jeden von uns als Seele im Kosmos weiter, denn für jeden kommt einmal die letzte Erdenstunde, in der seine Seele aus dieser Welt, von dieser Erde, scheidet. Was sie mitnimmt, ist entscheidend; es ist ihre Saat. Auch auf den Planeten, wo ihre Saat gemäß dem kosmischen Gesetz „Saat und Ernte" gespeichert ist, gestaltet sich der Aufenthalt der Seele entsprechend. Denn gemäß dem Gesetz zieht Gleiches wieder zu Gleichem.

Also geht die Seele dorthin, wo gerade ein Teil ihrer Saat aufgeht. Wo geht die Saat auf? Nicht beim anderen, in dessen Seelenpartikeln, sondern im eigenen Seelenleib, in den der Mensch die Saat eingebracht hatte. Die Saat kann, je nach

Intensität der Eingaben, als Mensch zum Tragen kommen oder für die Seele aufgehen bei dem Planeten, der dann ihr Aufenthaltsort ist, oder die Negativenergien werden in einer weiteren Inkarnation im Leben des Menschen wirksam werden.

Deshalb sollte jeder Mensch seine Tage nützen, um sich auf die Reise seiner Seele vorzubereiten, und sich bewusst werden: Eine gute Saat beschert der Seele im Jenseits friedvolles Leben und bei einer eventuellen Wiederverkörperung weiteren Lebensgewinn wie Gesundheit, Frieden, Glück und vieles von dem, was sich der Mensch wünscht. Nehmen wir unser Vorbild, Jesus, den Christus, als Wegweisung, und beginnen wir mit der folgenden Regel: *„Was du willst, dass dir andere tun sollen, das tue du ihnen zuerst."* Oder: *„Was du nicht willst, dass man dir tu', das füg' auch keinem anderen zu."* – Wie sagte Mutter? „Tue nichts Böses, dann widerfährt dir auch nichts Böses!"

In meinem Erdenleben hat man mir viel Unwahres angedichtet. Es waren und sind boshafte,

gleich bösartige, Beschuldigungen und Verleumdungen. Mich haben sie nicht getroffen, denn ich hielt und halte mich an dem mächtigen, großen Weisheitslehrer, an Jesus, dem Christus, fest und an den Geboten Gottes, die auch in der Bergpredigt Jesu enthalten sind.
Meine Mutter hat recht gesprochen, als sie zu mir, ihrem Kind, immer wieder sagte: „Tue nichts Böses, dann widerfährt dir nichts Böses." Immer dann, wenn ich mit Bösartigem beworfen wurde, dachte ich an ihre Worte. Ihre Hilfe, „Tue nichts Böses, dann widerfährt dir auch nichts Böses", gab und gibt mir Halt. Die Bergpredigt Jesu ist ein einmaliger Schatz. Der Christus Gottes stand mir bei, diesen wunderbaren und einmaligen Schatz zu heben.

In der Bergpredigt Jesu heißt es unter anderem: *„Wer diese Meine Worte hört und danach handelt, ist wie ein kluger Mann, der sein Haus auf Fels baute."* Jesus sprach also vom Tun Seiner Lehre, und: wer sich daran hält, der handelt in Seinem Sinne. Wenn es heißt „... ist ein kluger Mann", dann

muss der, der Seine Lehre nicht annimmt, indem er sie nicht erfüllt, unklug sein, um nicht zu sagen: begrenzt, gar dumm.
Die Bergpredigt ist nicht nur lebbar; die gelebte Bergpredigt Jesu ist ein mächtiger Schutz! Die bösartigsten Anwürfe und Verleumdungen von angeblich kompetenten Bibelanhängern trafen mich nicht, ganz im Gegenteil: Die negativen Gedanken und Worte von Unwahrheitspredigern fielen auf viele von ihnen jetzt schon zurück; es waren und sind die Kirchenprediger, die unter anderem den Menschen weismachen wollten und wollen, dass allein der Glaube genüge.

Die Lehre, dass der Glaube allein genüge, ist Kirchenlehre und entspricht nicht der Lehre Jesu. Diese passive Lehre, dass der Glaube allein genüge, widerspricht auch den zehn klugen und törichten Jungfrauen, von denen in der Bibel der Kirchen zu lesen ist. Dieser Bibeltext lautet:
*„Dann wird es mit dem Himmelreich sein wie mit zehn Jungfrauen, die ihre Lampen nahmen und dem Bräutigam entgegengingen.*

*Fünf von ihnen waren töricht, und fünf waren klug. Die törichten nahmen ihre Lampen mit, aber kein Öl, die klugen aber nahmen außer den Lampen noch Öl in Krügen mit. Als nun der Bräutigam lange nicht kam, wurden sie alle müde und schliefen ein.*
*Mitten in der Nacht aber hörte man plötzlich laute Rufe: Der Bräutigam kommt! Geht ihm entgegen!*
*Da standen die Jungfrauen alle auf und machten ihre Lampen zurecht.*
*Die törichten aber sagten zu den klugen: Gebt uns von eurem Öl, sonst gehen unsere Lampen aus. Die klugen erwiderten ihnen: Dann reicht es weder für uns noch für euch; geht doch zu den Händlern und kauft, was ihr braucht.*
*Während sie noch unterwegs waren, um das Öl zu kaufen, kam der Bräutigam; die Jungfrauen, die bereit waren, gingen mit ihm in den Hochzeitssaal, und die Tür wurde zugeschlossen.*
*Später kamen auch die anderen Jungfrauen und riefen: Herr, Herr, mach uns auf! Er aber antwortete ihnen: Amen, ich sage euch: Ich kenne euch nicht.*
*Seid also wachsam! Denn ihr wisst weder den Tag noch die Stunde.“*

Die Jungfrauen, die Öl in ihren Lampen hatten – bekanntlich brennt Öl, gibt also Licht –, gingen dem Bräutigam entgegen und fanden Ihn. Das Öl in den Lampen symbolisiert den Tatglauben, die Erweckung des Inneren Lichtes durch die Erfüllung der Lehre des Jesus, des Christus. Die Jungfrauen, die kein Öl in ihren Lampen hatten, irrten in der Dunkelheit umher und fanden den Bräutigam nicht. Das hat zu bedeuten, dass der Glaube allein nicht genügt, denn ohne die Tat, gleich Verwirklichung der Lehre des Jesus, des Christus, bleibt es im Menschen dunkel, und somit ist der Mensch nur Schatten seiner selbst.

Wer also tut, was Jesus, der Christus, uns lehrte, der hat das Licht des Christus Gottes in sich entzündet und wird auch nach dem Leibestod als Seele an der Hand des Christus Gottes ins Vaterhaus zurückkehren, von dem Jesus, der Christus, sprach. Jesus versprach uns: *„Im Haus Meines Vaters gibt es viele Wohnungen. Wenn es nicht so wäre, hätte Ich euch dann gesagt: Ich gehe, um einen Platz für euch vorzubereiten?"*

Daraus geht klar hervor, dass Jesus, der Christus, der Weg ins Vaterhaus ist. Er ist die Wahrheit und das Leben, und kein Mensch, mag er heißen, wie er will, kann uns ins Vaterhaus führen. Dass der Glaube allein, ohne die Erfüllung der Lehre des Jesus, des Christus, genügt, hat Jesus von Nazareth widerlegt, denn, wie schon gesagt, Er lehrte uns Menschen: *„Wer diese Meine Worte hört und danach handelt, ist wie ein kluger Mann, der sein Haus auf Fels baute."* Das Gleichnis von den Jungfrauen könnte uns ebenfalls helfen, den wahren Weg zu finden.

Liebe Mitmenschen, seien Sie klug! Halten Sie sich an dem großen Weisheitslehrer Jesus, dem Christus, fest. Und wenn Sie wollen, nehmen Sie mit mir die Bergpredigt zur Hand. Aus der Bergpredigt möchte ich einige Passagen herausgreifen, die Ihnen, die uns allen aufzeigen, was die Würde des Lebens bedeutet. Die Bergpredigt Jesu macht unmissverständlich bewusst, was der Menschheit verloren ging.

Seien Sie also klug! Schwimmen Sie nicht mit der derzeitigen Gesellschaft. Erkennen und ler-

nen Sie, wir alle, daraus, was uns Jesus von Nazareth vorlebte und lehrte. Es ist gewiss: Wer Seine Worte annimmt und tut, dem geht es von Tag zu Tag besser. Dann haben Sie, wir alle, den allweisen Führer an der Seite, den Christus Gottes, den Erlöser aller Menschen und Seelen und den Retter, der auch die Erde mit ihren Tieren, Pflanzen und Mineralien erretten wird.
Die Befreiung der Erde ist in vollem Gange. Lassen Sie sich vom Retter des Lebens retten, von Jesus, dem Christus, dem Erlöser und Befreier, der auch der Befreier der von Menschen gequälten und geschundenen Erde mit ihren Tieren und Pflanzen ist, mit allem, was in ihr, auf ihr und über ihr lebt.

Die Bergpredigt ist der Weg ins wahre Leben. Leben heißt, Anstand, Benehmen, Ethik, Moral und Stil zu gewinnen. Wie sagte die Mutter?: „Tue nichts Böses, und dir widerfährt nichts Böses." Jesus möchte uns an die Hand nehmen. Lassen Sie sich führen! Jesus, der Christus, reicht uns die Hand über Seine Bergpredigt. Wir lesen dort:

*„Selig im Geiste sind die Armen, denn ihrer ist das Himmelreich."*

Mit den Worten „die Armen" ist nicht die materielle Armut gemeint. Nicht der äußere Reichtum bringt uns die Seligkeit im Geiste des Christus Gottes, sondern die Gottergebenheit, indem der Mensch tut, was Gottes Wille ist.

Gott möchte den inneren Reichtum, die wahre Wertschätzung des Lebens. Je mehr wir Menschen unseren Intellekt abbauen, indem wir tun, was uns Jesus lehrte, um so mehr gewinnen wir die innere Intelligenz, den Weitblick, den Umblick, die Klarheit, den tiefen Sinn für Anstand, Ethik und Moral.

Der innere Reichtum, das Licht der Seele, ist das Leben, ist der wahre Gewinn. Er führt zur Nächstenliebe, woran es unserer Gesellschaft gerade in der heutigen Zeit mangelt. Doch Sie, wir müssen nicht mit der Gesellschaft schwimmen. Wir können uns selbst erziehen und uns das aneignen, was einem Großteil unserer derzeitigen Gesellschaft fehlt: Anstand, Benehmen, Ethik und Moral.

Und Jesus lehrte uns weiter in Seiner Bergpredigt: *„Selig sind, die da Leid tragen, denn sie sollen getröstet werden."*

Machen wir uns bewusst, dass das Leid nicht von Gott kommt, sondern dass wir es uns selbst auferlegt haben durch unser Fehlverhalten, das wir auch Sünde nennen wider das Leben, indem wir uns gegenüber unseren Nächsten versündigt haben, aber auch gegenüber der Tier- und Pflanzenwelt, gegenüber der Mutter Erde.

„Leid tragen" heißt für uns, im Leid die Fehler erkennen, mit der Hilfe des Christus bereuen, bereinigen und nicht mehr tun, also nicht mehr so denken, sich nicht mehr so verhalten wie bisher. Das ist Lebensgewinn; dadurch erlangen wir Hilfe, gleich Barmherzigkeit, von Gottes ewiger Güte und Liebe. Christus bringt Trost, Christus bringt Hilfe. Christus hilft uns, unsere Fehlhaltungen abzulegen, so dass es uns von Tag zu Tag besser geht. Er hilft uns, auch unseren Alltag zu meistern in der Familie, am Arbeitsplatz.

Im Vaterunser steht: *„Vergib uns unsere Schuld, so wie auch wir vergeben unseren Schuldigern."*

Das bedeutet: Wir sollen um Vergebung bitten, gleichzeitig vergeben und gleiches und ähnliches Ungute nicht mehr tun. Daraus entwickeln sich Freiheit, Freude und Friede, und wir spüren, es möchte uns jemand an der Hand nehmen und auf dem Weg zum Leben leiten und führen.

Und Jesus lehrte uns: *„Selig sind die Sanftmütigen, denn sie werden das Erdreich besitzen."*

In unserer heutigen Gesellschaft heißt es wahrlich, mutig zu sein, um nicht ausgenützt zu werden. Letzteres hat jedoch mit „sanftmütig sein" wenig zu tun. Sanftmut ist der Ausdruck einer friedfertigen Gesinnung: Dass wir den Nächsten, den „anderen" also, nicht abwerten, ihm nichts neiden, ihn nicht hassen, sondern ihm helfen, wenn er um Hilfe bittet.

Sanftmütig heißt aber auch, sich nicht ausnützen zu lassen, sondern hinzuschauen, ob der andere wirklich Hilfe braucht, und wenn, dann nicht gleich alle Schritte zu tun; zunächst einmal *einen* Schritt, um zu ergründen, wie er diese unsere Hilfe annimmt.

Haben Sie Mut zur Sanftmut! Sie werden nicht ausgenützt, wenn Sie klar denken und Ihre Sinne für das Leben schärfen. Hingucken heißt es – nicht wegschauen.

Und Jesus lehrte uns: *„Selig sind die da hungert und dürstet nach der Gerechtigkeit, denn sie sollen gesättigt werden."*
Der Wahrheitssucher, der die Seligpreisungen des Jesus in Seiner Bergpredigt ernst nimmt, wird nicht nach Recht verlangen, sondern nach Gerechtigkeit, denn Recht ist einseitig, Gerechtigkeit ist Ausgleich. Hungert uns nach der Gerechtigkeit Gottes, dann werden wir auch immer weniger unseren Nächsten abwerten, selbst dann, wenn er über uns übel redet. Wir werden uns prüfen, in welchen Punkten er recht hat, und dann werden wir auch Gerechtigkeit walten lassen.

Und sollten Sie mit einigen der Seligpreisungen nicht zurechtkommen, dann nehmen Sie die Gebote Gottes zur Hand. Lesen Sie die Gebote, und Sie finden sich in einem oder in einigen der

Gebote: Sie empfinden dabei eine innere Bewegung. Der Inhalt dieser Gebotsworte hat Ihnen – unter Umständen gerade heute – ganz persönlich etwas zu sagen.

Dann verstehen Sie z.B. die Aussage: *„Selig sind, die da hungert und dürstet nach der Gerechtigkeit, denn sie sollen gesättigt werden."*
Hungern und dürsten nach der Gerechtigkeit heißt, hungern und dürsten nach der Wahrheit. Die Wahrheit ist immer Jesus, der Christus. Ihm sollen wir folgen, und keinem Menschen. Und wer in diesem Sinne hungert und dürstet und Schritt für Schritt die Gebote Gottes erfüllt, der wird auch nach und nach gesättigt werden, denn gesättigt heißt: Er empfängt mehr und mehr das Licht der Himmel. Er wird nie davon satt werden, aber er wird getränkt, gleich gesättigt, vom großen Licht, das uns Führer ist, das uns an der Hand nehmen möchte.
Also, wenn Sie wollen, lassen Sie sich führen! Lernen Sie, den Sieg über sich selbst zu erlangen, über das Dunkle. Dann empfangen Sie Licht über

Licht, und Ihnen wird es von Tag zu Tag besser gehen. Es wird Ihnen vieles gelingen, was bisher nicht befriedigend ausgefallen war. Warum? Weil Sie den Führer an Ihrer Seite haben; weil Sie sich führen lassen.
Sie könnten nun einwenden: „Die Welt ist aber anders!" Ja, diese Welt ist nicht nur anders, sie ist nicht nur weg vom Fenster der Wahrheit, sie hat auch die Vorhänge zugezogen! Doch Sie brauchen nicht mit dem Strom zu schwimmen. Mit Christus zu gehen heißt, *gegen* diesen Strom zu schwimmen. Versuchen Sie es! Die Lehre des Jesus, des Christus, ist eine praktische Lehre. Sie müssen nicht einfach nur glauben – Sie erfahren und empfangen, weil Sie tun, was der große Weisheitslehrer uns lehrte. Seine Bergpredigt ist die Hoheitslehre des Reiches Gottes.

Jesus lehrte uns unter anderem in den Seligpreisungen: „*Selig sind die Barmherzigen, denn sie werden Barmherzigkeit erlangen.*" Die heutige Zeit ist ein Hohn auf diese Wahrheitslehre der Himmel, auf Jesus, den Christus, der uns die ewige Heimat, unser wahres Sein, nahebrachte. Aus den mächtigen Christus-Gottes-Offenbarungen der heutigen Zeit wissen wir, dass die Barmherzigkeit Gottes die Sanftmut ist. Jesus gebot uns Menschen, barmherzig zu sein.

Es ist überliefert, dass ein Gesetzeslehrer mit seinen Fragen Jesus auf die Probe stellen wollte. Jesus antwortete mit folgendem Gleichnis:

*„Ein Mann ging von Jerusalem nach Jericho hinab und wurde von Räubern überfallen. Sie plünderten ihn aus und schlugen ihn nieder; dann gingen sie weg und ließen ihn halbtot liegen.*

*Zufällig kam ein Priester denselben Weg herab; er sah ihn und ging weiter.*

*Auch ein Levit kam zu der Stelle; er sah ihn und ging weiter.*

*Dann kam ein Mann aus Samarien, der auf der Reise war. Als er ihn sah, hatte er Mitleid, ging zu ihm hin, goss Öl und Wein auf seine Wunden und verband sie. Dann hob er ihn auf sein Reittier, brachte ihn zu einer Herberge und sorgte für ihn.*

*Am andern Morgen holte er zwei Denare hervor, gab sie dem Wirt und sagte: Sorge für ihn, und wenn du*

*mehr für ihn brauchst, werde ich es dir bezahlen, wenn ich wiederkomme."*
Jesus fragte dann: *„Was meinst du: Wer von diesen dreien hat sich als der Nächste dessen erwiesen, der von den Räubern überfallen wurde?*
*Und der Gesetzeslehrer antwortete: Der, der barmherzig an ihm gehandelt hat. Da sagte Jesus zu ihm: Dann geh und handle genauso!"*

Wir Menschen sind auf der Erde, um zu lernen, buchstäblich von der Wiege bis zur Bahre. Denn lernen heißt, zu erfassen, zu verstehen, was Gott will. Und tun wir, was Gott will, dann denken, reden und handeln wir gerecht. Das sind die inneren Werte aus der Bergpredigt Jesu.
Mit dem Lernen geht das Üben einher. Üben wir, unsere Augen für die Wahrheit zu öffnen und alle unsere Sinne zu Gott zu erheben! Wenn wir wachen Sinnes im Tagesgeschehen sind, dann werden wir auch registrieren, ob unsere Gedanken weitgehend lauter sind. Erst wenn wir nicht nur mit uns beschäftigt sind, werden wir sehen und erfassen, welcher Mensch wahrlich der Hilfe

bedarf und welcher sich unter Umständen nur anschickt, Almosen zu erbitten, obwohl er es gar nicht nötig hätte.
Lernen wir, uns für den Christus Gottes zu öffnen, so erwachen unsere Sinne für das Höhere; dann sehen und erfassen wir unseren Tag und erfahren, was er uns zu sagen hat. Lassen wir uns von dem Geist der Wahrheit führen, der in uns pocht, dann wissen wir, was Barmherzigkeit bedeutet, und erkennen, dass nicht jeder, der Hilfe erwartet, auch wirklich Hilfe benötigt.
Führen lassen heißt: Innere Werte zu entwickeln, die einzig die Bergpredigt Jesu vermittelt. Echte Barmherzigkeit, die nicht verlangt, sondern gibt, ist Warmherzigkeit und Wachsamkeit. Sie lässt sich nicht ausnützen, denn die wahren Barmherzigen sind die Sanftmütigen und Demütigen. Sie sind jedoch nicht blind gegenüber ihren Mitmenschen. Wo ein großes Herz für die All-Einheit schlägt, da ist der Herzschlag Gottes wirksam. Jesus von Nazareth lehrte uns in Seiner Bergpredigt: *„Selig sind, die reinen Herzens sind, denn sie werden Gott schauen."*

Jesus gab uns einen sehr wesentlichen Lehr-Hinweis, der uns deutlich macht, dass Er allein, Christus, der Weg, die Wahrheit und das Leben ist. Der Weg zum Herzen Gottes ist einzig mit Jesus, dem Christus, zu beschreiten. Er ist der Weg und die Hilfe bei der Reinigung unserer Seele. Er ist somit auch der Weg ins ewige Vaterhaus.

*Menschen, die sich von Christus führen lassen,*
*entfalten das höhere Bewusstsein*
*für die Neue Zeit, die Zeit des Christus.*

Wer die Ordnung in seinen Verhaltensweisen anstrebt, der erwacht für die weiteren Schritte auf dem Christus-Gottes-Weg. Denn wer sich von Christus führen lässt, der empfängt von Christus, weil er sich Ihm hingibt. Seine Gedanken, Worte und Handlungen werden lauter. Dadurch wird seine Seele heller. Das Licht der Seele und des Menschen ist das Christus-Gottes-Licht.
Der Weg eines nach wahren Werten strebenden Menschen ist ausgeleuchtet, wodurch die Seele

immer lichter wird, bis sie ganz und gar Licht aus dem Licht Gottes ist. Wer Licht aus Seinem Licht ist, der ist reinen Herzens, reiner Seele und geht ein in die Seligkeit, in das Reich Gottes. Dann wird das reine Wesen, Gott, seinen, unseren ewigen Vater schauen, von Angesicht zu Angesicht. Also lassen wir uns führen von Dem, der den Weg ins Vaterhaus kennt: von Christus, dem Erlöser aller Seelen und Menschen.

Die Bergpredigt des Jesus von Nazareth spricht gerade auch in die heutige Gesellschaft hinein: *„Selig sind die Friedensstifter, denn sie werden Kinder Gottes heißen."* Das Reich Gottes ist Liebe und Friede. Aus dem Reich Gottes kam der Sohn Gottes. Er lehrte uns als Jesus von Nazareth die Liebe zu Gott, unserem himmlischen Vater. Ohne Liebe zum Nächsten auch kein Friede mit dem Nächsten. Jesus war und ist der Friedefürst, der Friedebringer, der Einheit und Gerechtigkeit verlangt. Er ist es, der Seine Schafe weidet.
Deshalb sollten wir Menschen Jesus, dem Christus, nachfolgen und keinem Menschen, auch

wenn er sich hochtrabend als Stellvertreter Gottes präsentiert. Wer sich an Jesus, dem Christus, orientiert, der erlangt wahrhaft Frieden in seinem Gemüt, Frieden in seinen Gedanken, Worten und Werken. Und wer den inneren Frieden durch den Friedefürsten, Christus, erlangt hat, ist ein Friedensstifter.

Einzig wer Christus ohne Mittler nachfolgt, kommt dem Friedefürsten näher. Dann ist seine Rede „ja, ja" oder „nein, nein" – alles andere ist von Übel. Menschen in der Nachfolge des Jesus, des Christus, sind aufrichtige, ehrliche und redliche Menschen. Wo sie sich auch befinden, was sie auch sagen, ihre Worte sind Hilfe und wegweisend hin zum Frieden in dieser Welt.

Jesus, der Christus Gottes, sagte: *„Meine Schafe kennen Meine Stimme."* Diese Worte können Kriterien sein, eine Hilfe, um zu erkennen, wer gegen das Leben, gegen Frieden und Gerechtigkeit ist. Gegner der Worte Jesu sind jene Menschen, die Mittler suchen, sich an Mittler binden und glauben, was Mittler verkünden. Das sind die Lemminge, die blinden Blindenführern folgen.

Menschen, die gegen ihre Mitmenschen sind, bilden gleichsam einen Kriegsschauplatz. Mit ihren Worten und Taten hetzen sie Gleichgesinnte auf. Auf diese Weise entsteht der Kleinkrieg, der sich ausweiten kann, je nach Einflussnahme solcher Hetzer. Viele Menschen wissen, dass keine Energie verloren geht und dass auch Gedanken Energien sind. Treffen sie auf gleichartige Gedanken anderer, dann kann sich daraus ein kriegerisches Verhalten entwickeln, das tätliche, weltbewegende Ausmaße annehmen kann.

Wer ist also gegen den Friedefürsten? Es sind die Menschen, die Kriege befürworten und Kriege beginnen. Alle, die sich „christlich" nennen und heidnisch denken, reden und tun, hören Seine Stimme nicht; sie sind die eben erwähnten Lemminge, die Mittlern nachfolgen, die, ähnlich wie sie, kriegerisch veranlagt sind. Alle, die die Erde ausbeuten, sind Kriegsbefürworter und sind letzten Endes gegen das Leben auf, in und über der Erde.

Alle Menschen, die Tiere quälen und überfordern, sie mutwillig töten und ihren Leichnam verzehren, sind Tierquäler und Tierkannibalen und somit Befürworter des Krieges gegen die Tiere und zum Teil Krieger in Feld, Wald, Flur, in den Schlachthäusern und in den Tierversuchsanstalten. Sie alle sind gegen das Leben. Sie sind es, die zum Kampf aufrufen und dazu beitragen, das Leben auf dieser Erde zu zerstören. Sie sind es, die die Stimme des Friedefürsten nicht vernehmen. Sie sind es, die Friedlosigkeit und Gewalt stiften, statt Frieden zu bringen. Sie sind es auch, die Ihresgleichen zum Krieg gegen ihre Mitmenschen anstiften, auch gegen den Planeten Erde mit seinen Tieren in den Gewässern, in der Luft, in und auf der Erde.

Wie gesagt, solche Menschen sind keine Friedensstifter, sondern Kriegsstifter und Kriegstreiber im Kleinen wie im Großen. Viele Menschen, die solch kleinen und größeren Mittlern, gleich Heerführern, folgen, kennen die Stimme des Christus Gottes nicht; sie sind eben die Lemminge, Nachahmer, die sich oftmals wie reißende Wölfe gebärden und die Schafe, die Nachfolger des Jesus, des Christus, zu vernichten suchen.

Der Gute Hirte ist die Einheit. Er liebt Seine Schafe. Deshalb geht Er ihnen nach, um sie wieder bei sich zu haben. Er, der Gute Hirte, ruft in diese Welt hinein: „Kommet alle zu Mir, Christus, her; Ich will euch führen, denn Ich kenne den Weg in den Frieden, der das wahre Leben ist."

Vor ca. 2000 Jahren sprach Jesus von Nazareth in den Weherufen der Bergpredigt das aus, was heute, in unserer Zeit, mehr als angebracht ist. In Seinen Weherufen sprach Er: *„Wehe euch, die ihr reich seid! Denn ihr habt in diesem Leben euren Trost empfangen."*
Blicken wir in diese Welt, so sehen wir: Die Habgier ist ein sehr großes Problem. Die nimmersatten Reichen rauben die Bodenschätze der Erde, wodurch in so manchen Ländern die Einheimischen in Armut fallen, weil ihnen die Bodenschätze ihres Landes genommen wurden. In der heutigen Zeit werden die Reichen immer reicher und die Armen immer ärmer. Das reiche „Kamel", von dem Jesus sprach, schreckt gerade in unserer trüben Zeit vor nichts zurück, obwohl Jesus den

Reichen mit dem Gleichnis vom Kamel und dem Nadelöhr unmissverständlich nahebrachte, dass sie nach ihrem Leibestod nicht in das Reich Gottes zurückkehren werden.
Diese Aussage des Jesus von Nazareth hat Gültigkeit, gestern und heute. Die Reichen beuten die Bodenschätze aus und versprechen den Armen Hilfe, doch dabei bleibt es meist. An bestimmten Festtagen jedoch, wie z.B. Weihnachten, gibt so manch Reicher aus seinem unschätzbaren Reichtum einige Brosamen, die er aber im Laufe des Jahres durch vielseitige Geschäfte, auch an der Börse, wieder hereinholt.

Das Gleichgewicht zwischen Reich und Arm ist nicht nur gestört – es klafft derart auseinander, dass es kaum mehr zu reparieren ist, was bedeutet: Wer – wie der Volksmund sagt – seine Schäfchen im Trockenen hat und wer Geldinstitute sein eigen nennt, der schlägt den Armen nicht nur ins Gesicht, er lässt sie neben seinem Vermögen, neben seinem unvorstellbar großen Besitz, am ausgestreckten Arm verhungern.

Gleichzeitig spricht das nimmersatte größte Kamel, das schwer beladen vor dem sogenannten Nadelöhr steht, dass seine etwas kleineren Mitkamele spenden sollten. Eventuell dachte das nimmersatte, schwer beladene Kamel, dass es dadurch schlanker würde und durchs Nadelöhr käme. Die *anderen* sind also aufgerufen, zu geben – nicht der unermesslich Reiche.

In unserer Zeit wird mit dem Namen „christlich" viel Missbrauch getrieben. Der Name des Lehrers der Bergpredigt, Jesus, muss für vielerlei Zwecke herhalten. Wichtig dabei ist einzig, er dient dem Zweck. Doch der Zweck heiligt nicht die Mittel. Wer sich diesem Blendwerk Reichtum zugehörig fühlt, kann sicher sein, dass er als Blinder mit seinen blinden Leitern gemeinsam in eine Grube fällt. Das könnte der Lohn sein, von dem Jesus von Nazareth sprach, *„denn ihr habt in diesem Leben euren Trost empfangen"*. – Wie heißt wohl ihr Los, das sie nach ihrem Leibestode trifft?
Vor 2000 Jahren lehrte Jesus von Nazareth, dass Reichtum wie ein Mühlstein am Hals derer ist,

die an ihren materiellen Gütern festhalten. Das Gleichnis vom sogenannten Jüngling kann zum Nachdenken anregen:

*„Da trat einer an Ihn heran und fragte: Meister, was muss ich Gutes tun, um das ewige Leben zu erlangen? Er antwortete ihm: Was fragst du mich nach dem Guten? Einer ist der Gute. Willst du aber zum Leben eingehen, so halte die Gebote. Er fragte Ihn: Welche? Jesus antwortete: Du sollst nicht töten, nicht ehebrechen, nicht stehlen, kein falsches Zeugnis geben; du sollst Vater und Mutter ehren und den Nächsten lieben wie dich selbst. Der Jüngling erwiderte Ihm: Das alles habe ich beachtet. Was fehlt mir noch? Jesus antwortete ihm: Willst du vollkommen sein, so geh hin, verkaufe, was du hast, und gib es den Armen, so wirst du einen Schatz im Himmel haben. Dann komm und folge Mir nach. – Nach diesen Worten ging der Jüngling betrübt davon, denn er besaß ein großes Vermögen."*

Wie ist es heute? Viele der Reichen, die dem „Jüngling" im Gleichnis Jesu entsprechen, sind unter anderem auch dogmenreich an Heiden-

tum, doch sie nennen sich „christlich“. Keiner der Reichen, einschließlich der Prediger einer unvorstellbar reichen Institution Kirche, will im Erdenleben den Versuch wagen, dem schlichten Zimmermann Jesus nachzufolgen. Vielmehr wird Sein Name ständig missbraucht.
Die kirchlichen Institutionen projizieren die Bergpredigt in eine andere Welt. In welche wohl? Im Reich Gottes gibt es keine Armen, keine Reichen, gibt es kein Heidentum, keine Traditionen und keine Priester. Wohin projizieren die Kirchen diese Aussagen? Man versteht immer besser die Aussage des Johannes von Patmos, der sagte: *„Zieht aus von ihr, mein Volk, damit ihr nicht an ihren Sünden teilhabt und von ihren Plagen mitbetroffen werdet.“*

Die Weherufe des Jesus von Nazareth sind heute mehr denn je aktuell. Sie gelten vor allem dem Bewusstsein der übermäßig Reichen, die immer reicher werden, im krassen Gegensatz zu den Armen und den Ärmsten, den Hungernden und Verhungernden, die in die Millionen gehen, nicht

zuletzt zu den malträtierten, gequälten, hingemetzelten Tieren, deren Leichname von Tierkannibalen verzehrt werden.
Auf der einen Seite sieht man das übersatte Kamel und auf der anderen Seite die ausgezehrten Leiber unserer Brüder und Schwestern und die unzähligen toten Kinder und Erwachsenen, die an Hunger sterben.
Die Weherufe, zusammengefasst und hineingesprochen in unsere Zeit, heißen damals wie heute:
*„Wehe euch, die ihr reich seid! Denn ihr habt in diesem Leben euren Trost empfangen.*
*Wehe euch, die ihr satt seid, denn ihr werdet hungern.*
*Wehe euch, die ihr jetzt lacht, denn ihr werdet trauern und weinen.*
*Wehe euch, wenn alle Menschen gut von euch sprechen, denn so machten es auch ihre Väter mit den falschen Propheten."*

Diese Welt fällt der Verderbtheit anheim und mit ihr all jene, die diese Welt so gemacht haben. Auf der Seite des Lichtes steht der Retter: Jesus, der

Christus. Er ruft uns Menschen zu: „*Kommet alle zu mir, die ihr mühselig und beladen seid; Ich will euch erquicken!*" Er will uns an die Hand nehmen und führen.

Liebe Leser, Sie entscheiden, von wem Sie sich führen lassen. Jesus, der Christus, möchte jeden Menschen – und jede Seele – an die Hand nehmen, um ihn auf den Weg zu führen, den Er uns angeboten hat. Jesus sagte: „*Ich, Christus, Bin der Weg, die Wahrheit und das Leben. Keiner kommt zum Vater, denn durch Mich.*" Jesus, der Christus, kann uns als Einziger in den Frieden führen, in das Leben, das in jedem Menschen pulsiert, der Christus Gottes in uns.
Lassen Sie sich führen? Die Lehre des Jesus, des Christus, ist eine einfache und schlichte Lehre, ohne Dogmen, Riten und Zeremonien. Jesus lehrte uns die Bergpredigt, in der auch die Zehn Gebote Gottes durch Mose enthalten sind.

Lassen Sie sich führen! Nehmen Sie die Bergpredigt zur Hand, und lesen Sie in den himmlischen Hoheitslehren des Jesus, des Christus! Das, was Sie bewegt, das gehört zu Ihrem heutigen Tag. Überlegen Sie, was Ihnen Jesus, der Christus, über einen bestimmten Lehrsatz in der Bergpredigt sagen möchte. Stellen Sie sich selbst die Frage, und bitten Sie Christus, den Geist in Ihnen, um Hilfe und Beistand. Wollen Sie erkennen, was bei Ihnen zugrunde liegt, und wollen Sie diese Fehlhaltung bereuen und bereinigen und auch Gleiches und Ähnliches nicht mehr tun, dann werden Sie auch Hilfe erlangen.

Seien Sie sich sicher: Christus hilft auf vielfältige Art und Weise, damit Sie sich selbst erkennen und das beheben, was wir Menschen Sünde nennen. Erproben Sie Seine Lehre. Sie werden bald eine positive Wandlung in Ihrem Verhalten spüren. Bitten Sie den Geist der Wahrheit um Beistand und um Hilfe; bereuen, und bereinigen Sie, und tun Sie Gleiches und Ähnliches nicht mehr, dann werden Ihre, unsere Tage lichter und unser Erdendasein gewinnt ein anderes, ein höheres Bewusstsein. Und so Sie nicht verzagen, können Sie sicher sein, dass das Licht des Christus Gottes in Ihnen aufgeht und Ihre Tage sonniger werden.

Lernen Sie, wahrhaftig zu leben! Die Bergpredigt hilft Ihnen, hilft uns allen, wahrheitsgetreu zu uns selbst zu leben. Jesus, der Christus, reicht Ihnen, uns allen, die Hand.

Lassen wir uns von Ihm führen, dann werden wir uns bewusst, dass wir im Geiste unseres himmlischen Vaters Brüder und Schwestern sind.

*Die Zehn Gebote Gottes*

1. Ich Bin der Herr, dein Gott.
   Du sollst keine anderen Götter neben Mir haben!
2. Du sollst den Namen Gottes nicht verunehren!
3. Gedenke, dass du den Sabbat heiligst!
4. Du sollst Vater und Mutter ehren!
5. Du sollst nicht töten!
6. Du sollst nicht ehebrechen!
7. Du sollst nicht stehlen!
8. Du sollst kein falsches Zeugnis geben wider deinen Nächsten!
9. Du sollst nicht begehren deines Nächsten Weib!
10. Du sollst nicht begehren deines Nächsten Hab und Gut!

*Lesen Sie auch ...*

# *Lebensschule zur Lebensbemeisterung*

*Der Weg zum kosmischen Bewusstsein*

Was kosmisches Bewusstsein ist, können wir nur von einem Menschen erfahren, der selbst darin lebt. Es ist Gabriele, die Prophetin und Botschafterin Gottes für unsere Zeit. Sie gab in unzähligen Geistigen Lehrstunden und Gesprächen aus dem Strom der göttlichen Weisheit grundlegendes geistiges Wissen, darüber hinaus vielfältige Hinweise und Hilfen für die Schritte unseres Weges hin zum kosmischen Bewusstsein. Diese geistig-göttlichen Lehren wurden im Rahmen einer TV-Sendereihe weltweit ausgestrahlt – nun in Buchform wiedergegeben.

**Band 1, Sendungen 1-5:** 120 Seiten, kart. Euro 9,80. Best.-Nr. S 392. ISBN 978-3-89201-293-1

**Band 2, Sendungen 6-10:** Zusätzlich Sondersendungen zum Thema „Es gibt keinen Tod - der Tod ist nur das Tor zu dir selbst". 162 Seiten, kart., Euro 9,80. Best.-Nr. S 395. ISBN 978-3-89201-310-5

**Die Reihe wird fortgesetzt.**

# Das Neue Zeitalter des CHRISTUS GOTTES

Die Bergpredigt ist lebbar!
Die Bergpredigt ist lebbar!
Die Bergpredigt ist lebbar!

„So kann es nicht weitergehen!" Das denken immer mehr Menschen - und es geht auch tatsächlich nicht mehr so weiter, denn die Erde gebietet dem plündernden Volk, das die Erde aussaugt und die Tiere auf das Grausamste quält, Einhalt. Aus der Neuen Zeit steigt das Neue Zeitalter empor – ein neuer Himmel und eine neue Erde, denn die angekündigte geistige Wiederkunft des Christus Gottes steht unmittelbar bevor.
Jene Menschen, die in den vergangenen Jahrhunderten die Bergpredigt – die Lehre für eine friedvolle Zeit – in

die Welt bringen wollten, beispielsweise die Bogumilen, die Waldenser, die Katharer und Albigenser, die Täufer, Mennoniten und die Adventisten, wurden stets von den institutionellen Kirchen bekämpft und zum Teil ausgemerzt. Wäre die Bergpredigt gelehrt und gelebt worden, so hätten wir heute eine andere, friedvollere Welt, eine ethisch-moralische Welt, eine Zeit, in der sich Menschen friedlich begegnen.

Doch der Geist der Bergpredigt, der erlösende und befreiende Geist, der Christus Gottes, gibt nicht auf. Erneut ruft Christus durch Söhne und Töchter Gottes in die Welt: Die Bergpredigt ist lebbar! Sein Wort gilt! Die Bergpredigt ist ein Himmelsgeschenk. Es ist das Gesetz des Reiches Gottes der Liebe – für eine Zeit des Friedens, der Versöhnung, der Ehrlichkeit, der Aufrichtigkeit, der Gerechtigkeit, der himmlischen Hoheitsprinzipien für eine neue Welt: Anstand, Benehmen, Ethik, Moral und Stil.

Dieses Buch gibt den Inhalt einer Serie von Radio- und Fernsehsendungen wieder, in denen Urchristen von heute, Nachfolger des Nazareners, in Gesprächsrunden über die Seligpreisungen der Bergpredigt informieren und deren Sinngehalt im Einzelnen darlegen. Die Botschaft beruht auf dem geistig-göttlichen Gut, das Gabriele, die Botschafterin und Prophetin Gottes, uns allen brachte. So kann jeder, der das möchte, den Wegweisungen des großen Weisheitslehrers, Jesus, des Christus, folgen und seine Schritte in das Bewusstsein der Neuen Zeit tun, die angebrochen ist.

160 S., geb., Euro 18,00. Best.-Nr. S 396. ISBN 978-3-89201-312-9

## *GOTT heilt*

Im Menschen wirkt eine mächtige Kraft, die unbeschreiblich ist: Es ist die zentrale Macht der Liebe, Gottes Kraft und Gottes Heil. Erfahren Sie, wie Sie diese Kraft in sich entfalten können!

96 S., kart., Euro 5,00.

Best.-Nr. S 309. ISBN 978-3-89201-260-3

## *Mit GOTT lebt sich's leichter*

Frieden, Gesundheit, Glück und innere Freiheit - wer wünscht sich das nicht? In diesem Buch erklärt Gabriele, wie sich jeder Mensch Gott nähern kann - weil mit Ihm das Leben um vieles leichter wird.

162 S., kart., Euro 10,00.

Best.-Nr. S 308. ISBN 978-3-89201-050-0

## *Ich kam - woher?' Ich gehe - wohin?*

Nach den wichtigsten allgemeinen Erläuterungen zum Thema „Leben nach dem Tod" werden in diesem Buch die 75 meistgestellten Fragen mit den Antworten dazu wiedergegeben, z.B.: Wie vollzieht sich das Sterben? Was erlebt die Seele, wenn sie ihren Leib verlässt? Gibt es die Reinkarnation? u.v.a.m.

94 S., kart., Euro 8,00.

Best.-Nr. S 407. ISBN 978-3-89201-296-2

---

Verlag DAS WORT GmbH
Max-Braun-Str. 2, 97828 Marktheidenfeld
Tel. 09391/504135. Fax 09391/504133
www.das-wort.com